BOEKANALYSE

AF137510

Fabels

• • • • • • • • • • • • • • • • • • •

JEAN DE LA FONTAINE

BOEKANALYSE

Geschreven door Erika de Gouveia
Vertaald door Nikki Claes

Fabels

JEAN DE LA FONTAINE

JEAN DE LA FONTAINE

FRANSE DICHTER

- **Geboren in 1621 in Château-Thierry (Aisne)**
- **Overleden in 1695 in Parijs**
- **Enkele van zijn werken:**
  - *Adonis* (1658), gedicht
  - *Contes et nouvelles* (1665), verhalenbundel
  - *Fables choisies mises en vers* (1668-1694), verzameling fabels

Jean de La Fontaine, geboren in 1621 bij een vader die meester was over water en bossen, had een landelijke jeugd. Zijn gedicht *Adonis* trok de aandacht van Nicolas Fouquet (1615-1680), hoofdinspecteur van financiën. La Fontaine werd zijn persoonlijke dichter en droeg in 1659 nog een gedicht aan hem op, getiteld *Le Songe de Vaux*. Het jaar daarop echter nam Lodewijk XIV (1638-1715), jaloers op zijn weelde, deze al te invloedrijke minister gevangen.

Na een tijdje in de Limousin te zijn gevlucht, keerde La Fontaine terug naar het wereldse leven en vond nieuwe opdrachtgevers. Hij maakte toen het grootste deel van zijn werk, frequenteerde andere schrijvers van zijn tijd zoals La Rochefoucauld (1613-1680), Molière (1622-1673), Mme de Sévigné (1626-1696), Boileau (1636-1711) en Racine

(1639-1699), en werd in 1684 toegelaten tot de Académie française. De grootste dichter van de 17e eeuw was niet alleen auteur van *fabels* en *verhalen*, maar ook van toneelstukken en didactische verhalen.

FABELS

EEN TIJDLOOS WERK

- **Genre:** fabels
- **Referentie-uitgave:** *Fabels*, Parijs, Le Livre de Poche, coll. « Les Classiques de Poche », 2002, 544 blz.
- [1e] **druk:** 1668
- **Thema's :** moraal, omgangsvormen, maatschappij, politiek

De *Fabels zijn* een reeks poëtische verzamelingen. Geïllustreerd, zijn ze vooral bedoeld voor een sociaal publiek. Er zijn 248 teksten, verdeeld in twaalf boeken (of delen).

De eerste verzameling, *Fables choisies mises en vers*, verscheen in 1668 en bevatte zes boeken. Het enthousiasme van de lezers was onmiddellijk. De tweede verzameling, *Fables, nouvelles et autres poésies*, werd door Denis Thierry in Parijs gepubliceerd in twee delen (1678 en 1679), met in totaal vijf boeken. Tenslotte publiceerde Claude Barbin *Boek XII. Fables choisies*, in 1693. Deze bevat 29 fabels, waarvan er 14 al eerder waren gepubliceerd in *Le Mercure galant* of in de Œuvres *de Maucroix et de La Fontaine* (1685).

De talrijke heruitgaven door de eeuwen heen bevestigen het essentiële en tijdloze karakter van dit werk.

SAMENVATTING

De *fabels* van Jean de la Fontaine zijn gegroepeerd in drie collecties en vervolgens verspreid in een aantal boeken. De volgende lijst bevat een korte selectie van de bekendste of belangrijkste fabels.

EERSTE COLLECTIE

- **"De Cicade en de Mier"** (I, Boek I). Terwijl de Mier zijn voedselreserves opbouwde, bleef de Cicade zorgeloos. In de winter smeekt de uitgehongerde Cicade de Mier om voedsel, en de Mier verwijt haar nalatigheid.

- **"De Raaf en de Vos"** (I, Boek II). De vos komt de raaf tegen, die een kaas in zijn bek houdt. De Vos vleit de Raaf om hem te laten praten en zo de kaas terug te krijgen.

- **"De Kikker die zo groot wil zijn als de Os"** (I, Boek III). Jaloers op het formaat van de os, probeert de kikker op te zwellen tot het punt waar hij ontploft.

- **"The Two Mules"** (I, Boek IV). Een van de muilezels draagt de haver, terwijl de andere trots het belastinggeld draagt. Als er struikrovers verschijnen, vallen ze die aan. De andere ontsnapt.

- **"De Wolf en de Hond"** (I, Boek V). Een hongerige wolf benijdt de status van een goed gevoede en comfortabele Hond. Maar bij het zien van de halsband, rent de Wolf weg, liever in vrijheid.

- **"De vaars, de geit en het schaap in gezelschap van de leeuw"** (I, Boek VI). Deze dieren komen overeen om hun goederen te delen. Maar als het aankomt op het verdelen van een gevangen Stag, intimideert de Leeuw zijn medewerkers en neemt alle stukken.

- **"De zwaluw en de vogeltjes"** (I, Boek VIII). Een ervaren Gierzwaluw waarschuwt de Passerines dat de hennep die in het naburige veld groeit, zal worden gebruikt om vallen te maken. Ze spoort hen aan om de oogst te voorkomen. Ze luisteren niet naar haar en worden gepakt.

- **"De stadsrat en de veldrat"** (I, Boek IX) De stadsrat nodigt de veldrat uit voor een feestmaal bij hem thuis. Het bezoek wordt verstoord door het binnendringen van een mens tijdens de maaltijd. Beide ratten moeten zich verstoppen tot de kust weer veilig is. De veldrat keert terug naar huis, want op het platteland zal hij tenminste niet gestoord worden en niets te vrezen hebben.

- **"De Wolf en het Lam"** (I, Boek X). Een lammetje lest zijn dorst midden in het bos als hij wordt verrast door een wolf die beweert dat het zijn drinkbron is. Het Lam probeert zich te verdedigen met argumenten, maar wordt uiteindelijk opgegeten.

- **"De dieven en de ezel"** (I, Boek XIII). Terwijl twee dieven vechten om een ezel, komt er een derde dief langs die hem van hen afpakt.

- **"The Man Between Ages and His Two Mistresses"** (I, Boek XVII). Terwijl een man twee weduwen het hof maakt, verwijdert de oudste zijn zwarte haar, de jongste zijn witte, zodat hij uiteindelijk kaal wordt.

- **"De vos en de ooievaar"** (I, Boek XVIII). De vos nodigt de ooievaar uit. De ooievaar kan niet eten omdat haar snavel haar belet van een bord te eten. Als wraak nodigt ze de vos uit om op zijn beurt te eten: hij kan de goede maaltijd van de ooievaar, die vastzit op de bodem van een lange smalle vaas, niet opeten.

- **"De horzels en de honingvliegen"** (I, Boek XXI) De bijen en de horzels ruziën over hun rol als honingproducenten. De rechter, een wesp, luistert naar de verschillende getuigenissen voordat hij concludeert dat de honing door de bijen is geproduceerd.

- **"De eik en het riet"** (I, Boek XXII). De eik spot met de kleinheid en schijnbare kwetsbaarheid van het riet. Een storm breekt uit, het Riet weerstaat de wind door te buigen, terwijl de Eik ontworteld wordt.

- **"Raad gehouden door de ratten"** (II, Boek II). De Ratten komen bijeen om een oplossing te vinden voor de verwoestingen van de kat Rodilardus. Ze zijn het erover eens dat er een bel aan hem bevestigd moet worden, die zal waarschuwen voor zijn aanwezigheid, maar niemand is vrijwilliger om die om zijn nek te binden.

- **"De leeuw en de mug"** (II, Boek IX). De kracht van de leeuw verhindert niet dat de mug hem bereikt en hem kwelt. Zegevierend is de mug op zijn beurt het slachtoffer van een ander dier, de spin.

- **"De leeuw en de rat"** (II, Boek XI). Een leeuw spaart het leven van een rat. Op een dag wordt de leeuw gevangen in netten. Als dank redt de Rat hem door de touwen door te knagen.

- **"De Wolf als Herder"** (III, Boek III). Een wolf vermomt zich als herder om de schapen voor de gek te houden. Als hij de stem van de herder niet imiteert, wordt hij gevangen genomen.

- **"De kikkers die om een koning vragen"** (III, boek IV). De Kikkers vragen Jupiter om hen een koning te bezorgen. Jupiter stuurt dan een kraanvogel, dol op batrachiën, die hen allemaal verslindt.

- **"De Vos en de Geit"** (III, Boek V). Dorstig komen de twee dieren vast te zitten in een put. De Geit helpt de Vos om eruit te komen, en de laatste laat hem achter op de bodem.

- **"De kat en een oude rat"** (III, boek XVIII). Een sluwe kat speelt dood. De gelukkige muizen worden voorgekauwd. Een andere bedekt de kat zich met meel, om de gulzigste aan te trekken. Een oplettende Rat schuwt het.

- **"De kleine vis en de visser"** (V, Boek III). Een Carpeau probeert de visser ervan te overtuigen hem vrij te laten om hem te vangen als hij groter is, tevergeefs.

- **"De ploeger en zijn kinderen"** (V, Boek IX). De ploeger doet zijn kinderen geloven dat hun veld een schat verbergt om hen aan te moedigen het land te bewerken. De kinderen zijn hebberig en doen geen moeite om de schat te vinden. Hun werk wordt beloond, want het veld wordt vruchtbaarder en de oogst is goed.

- **"De kip met de gouden eieren"** (V, Boek XIII). Een man doodt de kip die gouden eieren voor hem legt, om te zien of er een schat in haar buik zit. Hij vindt niets en verliest zo de bron van zijn fortuin.

- **"De haas en de schildpad"** (VI, boek X). Er vindt een race plaats tussen een haas en een schildpad: de eerste die het doel bereikt, wint. De haas denkt dat hij de weddenschap heeft gewonnen en stelt zijn vertrek uit. Maar hij wacht te lang en de Schildpad arriveert voor hem.

TWEEDE COLLECTIE

- **"The Animals Sick of the Plague"** (VII, Boek I). Om hun zonden te zuiveren, komen de dieren overeen om de meest schuldige te offeren. Ze durven de Leeuw, de Tijger of de Beer niet aan te vallen. Uiteindelijk is het een eerlijke ezel die veroordeeld wordt.

- **"Het melkmeisje en de melkkan"** (VII, Boek IX). Dromend van de winst die ze zou kunnen maken en de rijkdom die ze zou kunnen vergaren, morst een melkmeisje haar melk.

- **"De Twee Hanen"** (VII, Boek XII). Twee hanen strijden om een kip. De winnaar kraait over zijn overwinning, wat de aandacht trekt van een Gier die hem verslindt.

- **"De ezel en de hond"** (VIII, boek XVII). Een hond en een ezel hebben dezelfde meester, die slaapt. De Ezel graast in het gras; hij helpt de hongerige Hond niet uit de broodmand en zegt hem te wachten tot de meester wakker wordt. De Hond geeft hem hetzelfde antwoord als een Wolf de Ezel opjaagt.

- "De **twee duiven**" (IX, Boek II) stelt de liefde boven de behoefte aan nieuwigheid en avontuur.

- **"Man en de slang"** (X, Boek I). Een man vangt een slang en wil hem doden omdat hij schadelijk is. De slang bewijst hem dat de mens nog schadelijker is dan hij. Woedend schiet de man het dier toch neer.

DERDE COLLECTIE

- **"De metgezellen van Odysseus"** (XII, Boek I). Odysseus' metgezellen, die door het gif van Circe in dieren zijn veranderd, verkiezen hun nieuwe staat boven die van mensen en wensen niet terug te keren naar hun menselijke vorm, die zij nu minderwaardig achten aan die van het dier.

- **"The Sick Stag"** (XII, Boek VI). Een stervend hert wil met rust gelaten worden en wijst degenen af die hem willen helpen of troosten. De dieren voeden zich in de buurt voordat ze vertrekken. Het hert sterft eerder van honger dan van zijn ziekte.

VERLICHTING

CLASSICISME

Het classicisme wordt gekenmerkt door de aanwezigheid van grote barokke salons, plaatsen waar mensen elkaar konden ontmoeten en konden nadenken over uiteenlopende onderwerpen als kunst, literatuur en politiek. Deze salons werden georganiseerd door hovelingen en brachten kunstenaars, intellectuelen en edelen aan het hof samen. Zij waren derhalve niet onderworpen aan officiële controle.

Maar onder impuls van bepaalde staatslieden, waaronder Richelieu (1585-1642) en Colbert (1619-1683), werd een cultureel beleid opgezet: voortaan stelden kunstenaars hun talent in dienst van de gevestigde macht, die zich opwerpt als hun voornaamste mecenas. Kunst moest het gezag ondersteunen, de sociale orde waarborgen en bijdragen tot het prestige van het Hof. Dit fenomeen, dat in Frankrijk triomfeerde, bevorderde de opkomst van het classicisme, gekenmerkt door een extreme codificatie van de kunst.

Inderdaad, de kunst zelf wordt vernieuwd. In tegenstelling tot de barokke kunst van de Renaissance, die geen regels volgde, propageerde de klassieke kunst overal een esthetiek van samenhang, evenwicht, maat en efficiëntie, afgestemd op de heersende goede smaak: elk element moest worden beheerst en deel uitmaken van een regelmatige structuur. In de literatuur moet de taal helder, overzichtelijk en toegankelijk zijn, en de onderwerpen moeten nobel zijn.

Voor elke discipline zijn strenge regels vastgesteld. Zo is het theater geregeld in de *Pratique du théâtre* (1657) van Aubignac (Franse schrijver, 1604-1676), de poëzie in *L'Art poétique* (1674) van Boileau. Hetzelfde geldt voor architectuur, schilderkunst, beeldhouwkunst, dans, muziek, enz. Vanaf dat moment bestaat de beoefening van een kunst uit de herhaling van een gewijd kader.

DE FABEL VOOR LA FONTAINE

Fabels zijn korte verhalen. Ze hebben twee tot drie personages, zelden meer, die meestal de vorm hebben van dieren die kunnen spreken. Het verhaal eindigt met een moraal die het betekenis geeft, een educatieve rol speelt en de lezer aanzet tot nadenken.

Fabels bestaan al sinds de oudheid. Die van Aesop (Griekse schrijver, 7e-6e eeuw voor Christus) en Phaedrus (Latijnse fabeldichter, 14 BC-50 AD) zijn de bekendste, maar zij zijn niet de enige. In de Middeleeuwen werden in preken fabels gebruikt om de parochianen op te voeden en te vermaken. Tegelijkertijd presenteerden bestiaria dieren als modellen of afstoters. In dezelfde tijd verschenen bundelingen van fabels, de isopets ("kleine Aesop"), terwijl Marie de France (Franse dichteres, 1154-1189) honderd fabels in verzen componeerde. Van de Renaissance tot het midden van de 17e eeuw waren er veel vertalingen van oude of Italiaanse fabels.

Maar La Fontaine vernieuwde het genre. Hoewel hij zich sterk baseerde op de verhalen van Aesop, Phaedra en de *Roman de Renart*, die de basis van zijn repertoire vormden, liet hij zich voor sommige fabels ook inspireren door oosterse teksten, vooral in de laatste bundel (zoals de schrijver in zijn «Avertissement» aangeeft). Oosterse verhalen werden vaak als inspiratiebron gebruikt door auteurs uit die tijd, zoals Corneille (1606-1684), François Bernier (1620-1688), Molière (1622-1673) en Racine (1639-1699). Zo probeerde La Fontaine deel uit te maken van de literaire trend van zijn tijd. Bovendien evolueerde ook zijn opvatting over de fabel, wat verklaart waarom zijn inspiratiebronnen hetzelfde deden.

De invloed van pastorale verhalen is ook merkbaar in de meer lyrische fabels over herders op groene heuvels of bij een beek, zoals "Tircis en Amarante" (VIII, XIII), "Daphnis en Alcimadura" (XII, XXIV) of "De dochters van Minée" (XII, XXVIII). Echo's van de meer ondeugende en soms pikante *Contes* de La Fontaine zijn ook duidelijk, bijvoorbeeld in «Le Marié» (VII, II) en «La Matrone d'Éphèse» (XII, XXVI).

La Fontaine zag zichzelf vooral als erfgenaam van een lange traditie. De epiloog van Boek XI getuigt hiervan: in de overtuiging dat hij alles had bijgedragen aan de fabel, moedigde de auteur andere schrijvers aan het genre over te nemen en te bestendigen. Bovendien hebben in de 18e en 19e eeuw vele andere schrijvers zich aan de kunst van de fabel gewaagd, maar geen van hen bereikte dezelfde faam als Jean de La Fontaine.

SLEUTELS TOT HET LEZEN

EEN ONVERWACHT MEESTERWERK

De schooltraditie waardeerde fabels vanwege hun nut. Inderdaad, in de jezuïetencolleges die in de 16e eeuw werden opgericht (voorbehouden aan de elite), dienden de geschriften van Aesop en Phaedrus als basis voor het werk. Deze teksten waren kort genoeg om de zogenaamde "klassieke" talen te leren, spraakfiguren te leren en het herschrijven of imiteren te oefenen.

Het genre werd echter niet als prestigieus beschouwd. Het was dan ook met nederigheid dat La Fontaine begon met het schrijven van de *Fabels*. De hele titel vermeldt inderdaad alleen een « mise en vers ». Dit getuigt van de bescheiden oorspronkelijke bedoeling om oudere verhalen te herwerken en te actualiseren. Maar door zijn nauwgezette werk biedt de schrijver teksten van een literair niveau dat gelijk is aan – of zelfs superieur aan – zijn modellen. Daarmee zette La Fontaine de Franse taal tot op zekere hoogte in de schijnwerpers, en werd het geleidelijk een culturele referentietaal.

LEUKE VERHALEN

La Fontaine weet dat sobere teksten saai zijn, en dat lezers wars zijn van elke vorm van pedanterie. De schrijver wil niet overkomen als een moraalridder. Daarom probeert hij zijn verhalen zowel amusant als leerzaam te maken. Het doel is om het publiek te behagen, maar vooral om het impliciet aan het denken te zetten over bepaalde thema's van het dagelijks leven in zijn tijd.

De auteur paste zich dus aan zijn publiek aan: het waren in salons verzamelde socialisten, dol op gezellige gesprekken, bedreven in scherts en gretig in geestige woorden tussen mensen van goed gezelschap. Korte genres als de fabel vinden natuurlijk hun plaats in een dergelijke context. Daarom is de toon van La Fontaine licht, vrolijk, betoverend en grappig. Nu de fabels charmante anekdotes zijn geworden, hebben ze een nieuwe vitaliteit, en de aangename vertelling geeft ze een zekere levendigheid. Elk verhaal komt zo tot leven als een toneelstukje.

La Fontaine verliest echter de educatieve rol van de fabel niet uit het oog. Plezier staat wijsheid niet in de weg; integendeel, een subtiele alchemie combineert ze. Bovendien moraliseert de schrijver zonder verveling te veroorzaken. Dit vermogen om joviale en onderhoudende opmerkingen te maken, zelfs over ernstige onderwerpen, is kenmerkend voor eutrapelia (een aanleg om grappen te maken, geestig en vriendelijk te zijn), waarvan Rabelais (Frans schrijver, 1494-1553) tot dan toe de beste vakman was. De moraal sluit de fabel dus altijd af, ook al wordt die niet expliciet genoemd.

EEN KLASSIEKE STIJL

Het schrijven van La Fontaine wordt gekenmerkt :

- **de keuze voor vrije verzen.** Een regelmatige, rigide en monotone versificatie zou het lezen hebben bemoeilijkt en het project van de auteur hebben verpest. Door te kiezen voor vrije verzen plaatste La Fontaine zich halverwege tussen proza en metrum. Zo profiteert hij zowel van de flexibiliteit van de een als van het ritme van de ander. Het plezier komt voort uit de diversiteit: verzen van twaalf, tien, acht of zes voet volgen elkaar zonder duidelijke volgorde op. De auteur is ook niet bang voor enjambementen (de verwerping van wat de zin in de volgende regel eindigt, zie « L'Ivrogne et sa Femme », III, VII, v. 5-6). Met deze middelen kan de dichter gemakkelijk de ene toon voor de andere verwisselen, afhankelijk van het onderwerp, en voortdurend de aandacht van de lezer vasthouden. Zo wekt het plotseling inkorten van lijnen de indruk van snelheid en verrassing:

"Zoals hij de aanval luidde, luidde hij de overwinning.''

Ga overal heen om het aan te kondigen, en ontmoet onderweg

De hinderlaag van een Spin

Het komt ook aan zijn einde.

("De leeuw en de mug", II, IX, v. 33-34)

Deze dynamische afwisseling is duidelijk aan het eind van het gedicht, waar de val vaak gepaard gaat met een metrische verandering ('De berg in de arbeid', V, X);

Bovendien brengen de rijmen een rijkdom aan werk in de tekst en harmonie in het lezen.

- **een zoektocht naar beknoptheid.** La Fontaine geeft de voorkeur aan een zowel eenvoudige als fijne syntaxis en een toegankelijke woordenschat. Zijn elegantie is zeer gepolijst, maar ziet er natuurlijk uit.

- **korte verhalen.** "Lange werken beangstigen mij", verklaarde La Fontaine in het nawoord van Boek VI van La Rochefoucauld, auteur van de *Maximes* (1664). Daarom nam hij de eis van beknoptheid op zich: hij wilde zijn onderwerp niet uitputten, nutteloze praatjes vermijden die de lezer in verwarring zouden brengen en zijn plezier zouden bederven. Dit beantwoordt ook aan een zorg voor voorzichtigheid: een fabel die leidt tot een eenzijdige interpretatie is niet aantrekkelijk. Uitputtend zijn kan dus gevaarlijk zijn («Discours à Monsieur le Duc de La Rochefoucauld», X, XIV). Naarmate de collecties vorderen, worden de fabels echter steeds langer. Bijvoorbeeld «Le Paysan du Danube» (XI, VII, 94 regels) of «Les Compagnons d'Ulysse» (XII, I, 114 regels) wijken af van dit principe van beknoptheid.

ARGUMENTATIE EN FABEL

Met argumentatie kan de schrijver een persoonlijk standpunt laten gelden. Hij kan dat direct doen, door zijn mening te geven over belangrijke maatschappelijke kwesties, of indirect, door de lezer uit te nodigen een morele les uit het verhaal te trekken. In zijn teksten confronteert La Fontaine tegenstrijdige argumenten en laat hij de lezer zijn eigen oordeel vormen.

De fabel is een indirecte argumentatie die, door het plezier van het verhaal, het mogelijk maakt de lezer een les te leren. Om de lezer te overtuigen, doet hij een beroep op de rede. De verdediging van een standpunt is gebaseerd op de kracht en de diversiteit van de argumenten en voorbeelden. De ideeën zijn logisch met elkaar verbonden en roepen fundamentele waarden op. Deze eis van striktheid en logische kracht brengt de lezer ertoe zich aan te sluiten bij het door de auteur verdedigde standpunt.

In zijn fabels voegt La Fontaine vaak een argumentatieve sequentie toe waarin hij een personage laat spreken om een ander te overtuigen. In "De kleine vis en de visser" probeert de kleine vis de visser te overtuigen hem te sparen:

> "Wat ga je met me doen? Ik kan niet zorgen voor
>
> Niet meer dan een halve mondvol.
>
> Laat me karper worden:
>
> Ik zal door jou worden uitgevist;
>
> Een grote supporter zal me afkopen:
>
> In plaats van het te zoeken
>
> Misschien nog honderd van mijn grootte
>
> Om een gerecht te maken. Welk gerecht?
>
> Geloof me, niets is de moeite waard. (Boek V)

In "The Pot of Earth and the Pot of Iron", probeert de Pot of Iron de Pot of Earth te overtuigen om met hem te vertrekken:

> "Ik zie niets dat je tegenhoudt
>
> We brengen je in veiligheid.
>
> Als een of ander hard materiaal
>
> Je bedreigen met avontuur
>
> Daar tussenin pas ik,
>
> En zo zal ik je redden. (ibid.)

De argumenten zijn weliswaar overtuigend, maar vaak niet voldoende om het verhaal een andere wending te geven. De kleine vis wordt inderdaad opgegeten en de aarden pot breekt uiteindelijk. Kortom, de zwakken overleven niet altijd tegen de sterken. De argumentatieve dimensie van de fabel is dus niet uitsluitend gekoppeld aan de moraal, maar de dialogen zelf zitten vol argumentatieve elementen. Hierdoor kan de lezer nadenken over de uitkomst van de fabel, de personages en wat zij vertegenwoordigen.

DIEREN ALS VERTEGENWOORDIGERS VAN DE SAMENLEVING

De kracht van fabels

> *"Fabels zijn niet wat ze lijken:*
>
> *Het eenvoudigste dier neemt de plaats in van een meester.*
> *("De herder en de leeuw", VI, I)*

Wat fabels zo vruchtbaar maakt is de overeenkomst tussen de dierenwereld en de mensenwereld. Inderdaad, wat met dieren gebeurt, kan ook met mensen gebeuren, zoals elke lezer begrijpt. Deze analogie is een omweg om de werking van de menselijke samenleving en vaak haar tekortkomingen te onthullen. Sterker nog, als je deze morele waarheden ronduit zegt, lijken ze sinister. In plaats daarvan trekt de speelse en aangename manier waarop deze allegorieën worden gepresenteerd de belangstelling van de lezer en leidt het geleidelijk tot de ontdekking van een krachtige betekenis.

Zo zorgt de fabulist, door de boodschap op het eerste gezicht te verbergen, ervoor dat deze goed wordt ontvangen door het publiek, maar hij vermijdt ook censuur. Zelfs als een doorgewinterde lezer de referenties van de personages begrijpt, wordt er niets uitgelegd en dit stelt La Fontaine in staat elk conflict met de politieke autoriteiten te vermijden of zich in ieder geval te verdedigen met het argument van het fictieve genre van de fabel.

Specifieke soorten

De dieren in de *Fabels* lijken op echte mensen en hebben stereotiepe karaktereigenschappen. Sommige identificaties zijn gemakkelijker te onderscheiden dan andere. De vos speelt bijvoorbeeld altijd de rol van vleier en bedrieger: hij gebruikt vleierij om mensen te misleiden en vertegenwoordigt in dit opzicht de hovelingen. De leeuw daarentegen vertegenwoordigt de koning in al zijn staten: hij kan machtig zijn, wreed, minachtend, maar ook naïef, ziek of oud ("De leeuw trekt ten strijde"). De wolf kan staan voor wreedheid en macht ("De wolf en de vos"). De kat symboliseert bedrog en hypocrisie ("Het Knorretje, de Kat en de Muis").

Naast deze personages gebruikt La Fontaine soms ook voorwerpen ("De aarden pot en de ijzeren pot"), mannen ("Het melkmeisje en de melkkan") of natuurlijke ("De stroom en de rivier", "De eik en het riet"). Het gebruik van andere personages dan dieren stelt de fabulist ook in staat elk direct verband met de werkelijkheid te vermijden en het fictieve en vermakelijke aspect van de fabel te benadrukken, aangezien de voorwerpen of elementen niet kunnen spreken of zelfs bewegen.

Zo schildert La Fontaine een panorama van de maatschappij van zijn tijd. Hij schildert zowel het grote (de koning en zijn hovelingen) als het kleine (het volk, boeren en ambachtslieden). Door personificatie en prosopopoeia (een procédé waarbij een dier of een voorwerp een stem krijgt) geeft hij levendigheid aan zijn fabels.

DE BEHANDELDE ONDERWERPEN

Ondanks hun verscheidenheid bevatten de *fabels* bepaalde gemeenschappelijke ideeën, die samenkomen in een soort sociale wijsheid of bescheiden filosofie: bewustzijn van ongelijkheden, misbruik van macht aan de kaak gesteld, waarschuwingen tegen ambitie en adviezen aan de machtigen.

Een verklaring: onrecht bestaat

La Fontaine legt een hele reeks gedragingen bloot die verband houden met de macht en verhult de perverse dwalingen niet: de heersers worden verondersteld het collectieve goed te verzekeren, maar oefenen het gezag ook uit om hun persoonlijke belangen te verdedigen ten nadele van hun onderdanen. De sterken overweldigen de zwakken met hun willekeurige besluiten. In "De wolf en het lam" zijn de protesten van het slachtoffer van weinig belang: de wolf eet het lam hoe dan ook "zonder meer" op. Zijn verlangen kan niet onvervuld blijven. In "De vaars, de geit en het schaap in gezelschap van de leeuw" (I, VI) neemt deze laatste schaamteloos de spelaandelen van de andere drie over. In "The Animals Sick of the Plague" (VII, I) durft niemand de machtigen (de Leeuw, de Tijger, de Beer) ervan te beschuldigen zich aan hun verantwoordelijkheid te onttrekken bij moeilijkheden; het is een ellendige en weerloze ezel die ervoor opdraait en als zondebok dient.

De schrijver doet geen poging om het machtsmisbruik te rechtvaardigen. Hij is pragmatisch en laat alleen zien dat kracht soms prevaleert boven recht, dat het goede slecht beloond kan worden ("De man en de slang", X, I). De reden waarom La Fontaine dergelijke situaties beschrijft, is om de lezer te herinneren aan een feit dat hij in gedachten moet houden: wij leven niet in een ideale maatschappij waarin iedereen de regels in het algemeen belang respecteert. Wreedheid, bedrog, oplichting en hebzucht zijn abject en onaanvaardbaar, maar niettemin reëel. De schrijver verbant het engelengedoe en moedigt kritiek en reflectie aan.

Indirect maant de verteller de lezer tot voorzichtigheid: bij wijze van bescherming houdt alleen een werkelijke afstand van de zwakken, de boeren ten opzichte van hen die hen zouden kunnen schaden, de rechtvaardigen buiten het bereik van de slechten. En als je slechte mensen echt niet kunt vermijden, kun je net zo goed weten hoe je niet het slachtoffer van ze kunt worden: houd rekening met ze en vermijd te veel betrokkenheid. Ieder van ons moet zijn eigen ruimte voor vrijheid creëren en op zijn hoede zijn, zoals de oude rat in "De kat en een oude rat" (III, XVII).

"Een Rat zonder meer, onthoudt zich van rondsnuffelen

Hij was een oude rot, hij kende meer dan één truc;

Zelfs hij had zijn staart verloren in de strijd

"Dit gevlochten blok zegt me niets dat de moeite waard is,"

Hij riep van een afstand naar de Generaal van Katten.

Ik vermoed dat er nog een machine onder zit

Het heeft geen zin om melig te zijn;

Want als je een zak bent, zal ik niet in de buurt komen

Het is hem goed gezegd. Ik keur zijn voorzichtigheid goed:

Hij was ervaren,

En wist dat wantrouwen

Is de moeder van de veiligheid.

In deze fabel was de Rat achterdochtig tegenover de Kat en werd dankzij dit wantrouwen niet opgegeten.

Machtsmisbruik

Achter de moraal van de fabels gaat vaak de kritiek van de fabeldichter op de maatschappij en de heersende politieke macht schuil. Voor hem is het gebruik van dieren een manier om zichzelf te beschermen. In « Les Animaux malades de la peste » stelt La Fontaine de excessen van de absolute macht aan de kaak. De ezel wordt berecht in een proces voor een kwaad waarvoor niemand verantwoordelijk is: de pest. De Wolf en de Vos verdedigen zich, vleien de koning en beoordelen uiteindelijk de honger van de ezel als een criminele daad:

"Zijn peccadillo werd beschouwd als een hangende zaak

Het eten van andermans gras! Wat een afschuwelijke misdaad!

Niets anders dan de dood in staat

Om te boeten voor zijn misdaad. (Boek XII)

De ezel is dus het ideale slachtoffer. Niet de meest schuldige maar de zwakste wordt opgeofferd: "Naargelang gij machtig of ellendig zijt/ zullen de oordelen van het Hof u wit of zwart maken."

Een waarschuwing tegen ambitie

Tegelijkertijd bekritiseert La Fontaine de hoogmoedigen en verwaandheden die zich uit hun positie proberen te bevrijden en een hogere sociale rang proberen te bereiken. Deze individuen ontkennen hun ware aard en overschatten hun capaciteiten, zoals "de kikker die zo groot wil zijn als de os" (I, III). Ze zien alleen wat ze geloven, zoals in "De zwaluw en de vogeltjes" (I, VIII). Ze negeren hun eigen fouten en stigmatiseren die van anderen: "De eik en het riet" (I, XXII), "De zak" (I, VII), "De mens en zijn beeld" (I, XI), "De mens en de slang" (X, I).

Door hun arrogantie komen deze brutale mensen in de problemen. In het beste geval leiden ze tot spot ("De Raaf en de Vos", "De Vos en de Ooievaar"), in het slechtste geval tot de dood. Ook hier pleit La Fontaine voor voorzichtigheid: iedereen moet tevreden zijn met wat hij heeft. Zo stelt de schrijver de maatschappelijke orde aan de kaak zoals die is, maar zonder op te roepen tot rebellie of enige andere vorm van opstand; het doel is onrechtvaardigheid aan de kaak te stellen en rekenschap te geven van de ongelijkheid in de samenleving.

Advies aan de machtigste

La Fontaine beveelt een zekere bescheidenheid aan, zelfs voor de machtigen. In sommige fabels lijkt hij zich tot hen te richten en veroordeelt hij hun excessen.

Allereerst bekritiseert de schrijver het gebruik van geweld zonder reden. Machtsmisbruik en wreedheid zijn kenmerkend voor wolven met slecht gecontroleerde instincten. Andere dieren zijn echter in staat macht uit te oefenen zonder kwade opzet: de wesp oordeelt, bijgestaan door een bij ("De horzels en de honingvliegen", I, XXI), een leeuw is grootmoedig ("De leeuw en de rat", II, XI), enz. Deze dieren weten heel goed dat "men vaak iemand nodig heeft die kleiner is dan zichzelf" (*ibid.*). Zij begrijpen ook dat de sterke man, door zich te onthouden van onnodige wreedheid, een reputatie verwerft als rechtvaardig man. Hij dwingt respect af. En een welwillende leider heeft meer kans op vertrouwen en volledige medewerking. Het is dus in het belang van de leider om barmhartig en bedachtzaam te zijn en zijn kracht in toom te houden. In deze relatie winnen beide partijen: de onderdaan leeft vreedzaam, en de machtige gehoorzaamt met instemming. Nogmaals, de klassieke auteur garandeert sociale stabiliteit.

In deze visie is (verworven of ontvangen) macht slechts zo goed als het gebruik ervan. Dit houdt in dat men zijn positie waardig is en zich verantwoordelijk gedraagt. Men moet weten hoe men zijn passies (ongeduld, bitterheid, woede, hebzucht) kan matigen. Hoe kan men anderen bevelen als men zichzelf niet kan bevelen? In "De twee muilezels" (I, IV) toont La Fontaine ook de gevaren van degenen die een hoge functie bekleden en die uit ijdelheid het risico niet inschatten.

De bedriegers worden de bedrogenen

Heel vaak ziet de lezer dat de zwakkere verliest van de sterkere. La Fontaine wist deze tendens echter ook om te keren en de zwakkere partij in een voor de sterkere nadelige situatie te brengen. "De leeuw en de mug" is een van de meest sprekende voorbeelden. Het verhaal van een "nietig insect" dat de Leeuw weet te misleiden, illustreert deze omkering van de rollen.

In deze fabel zegeviert de mug, ondanks zijn ongelijke gewicht, over de koning. Het einde heeft twee moralen: de eerste is dat we op onze hoede moeten zijn voor mensen die ongevaarlijk lijken; de tweede is dat zelfs als we aan groot gevaar ontsnappen, we op onze hoede en voorzichtig moeten blijven, want als we worden afgeleid onze overwinning, kan ons zelfs het geringste gevaar te wachten staan.

In "De haan en de vos" probeert de vos de haan te misleiden door te doen alsof er vrede is tussen alle dieren zodat de vogel uit zijn boom zal komen, maar hij uiteindelijk in zijn eigen val. Op zijn voorstel antwoordt de Haan:

> *"Vriend, ik zou nooit*
>
> *Leer een zoeter en beter nieuws*
>
> *Dat van deze vrede.*
>
> *[…]*
>
> *Ik zie twee windhonden,*
>
> *Die, dat verzeker ik mezelf, koeriers zijn…*
>
> *Dat we voor dit onderwerp sturen.*
>
> *Ik kom naar beneden en we kunnen elkaar allemaal neuken.*
>
> *Vaarwel," zei de Vos, "mijn handel laat lang op zich wachten.*
>
> *Wij kijken uit naar het succes van de zaak*
>
> *Een andere keer. (Boek II)*

Zo slaagt de Vos, een grote bedrieger, er niet in de Haan te vangen, die kan lachen om zijn ontsnapping.

En vele andere thema's...

Aangezien de *fabels* talrijk zijn, is het niet verwonderlijk dat de behandelde thema's ook talrijk zijn. La Fontaine wilde zo volledig mogelijk zijn in zijn weergave van de maatschappij van zijn eeuw. Daartoe moeten het verhaal en de toespraken een waarschijnlijke situatie in de werkelijkheid weergeven. De thema's die in deze plot aan bod komen, worden vervolgens geïllustreerd door de personages en hun handelingen.

Bovendien moeten fabels die willen behagen, aan de ene kant voldoen aan de verschillende smaken en aantrekkelijkheden van de lezers. Daarom zijn de compromissen van comfort (Le Loup et le Chien, I, V), liefdesrelaties (L'Homme entre deux âges, I, XVII), de dood (La Mort et le Malheureux, I, XV ; Death and the Woodcutter, I, XVI), de grillen van het lot (The Lion and the Gnat, II, IX), verslavingen (The Drunkard and his Wife, III, VII), vrouwen (The Drowned Woman, III, XVI), huiselijke (The Frogs Who Ask for a King, III, IV) en internationale politiek (The Many-Headed Dragon, I, XII ; De dieven en de ezel, I, XIII), beloonde inspanning (De cicade en de mier, I, I), enz. Dit zijn allemaal gevarieerde thema's die een publiek kunnen interesseren dat zich betrokken voelt bij een van de vertelde verhalen.

MOGELIJKHEDEN TOT BEZINNING

EEN PAAR VRAGEN OM OVER NA TE DENKEN...

- Vind spreuken van La Fontaine die spreekwoordelijk zijn geworden.

- Let op het aantal fabels per boek. Welke opmerkingen kunt u hierover maken?

- Vergelijk de dierenfabels met de menselijke. Wat zijn uw waarnemingen?

- De eerste collectie is opgedragen aan de zoon van Louis XIV, "aan Monseigneur le Dauphin" (1661-1711). Wat motiveerde volgens u deze keuze in de aanpak van La Fontaine?

- Identificeer enkele openlijke interventies van de verteller, wanneer hij zijn standpunt uiteenzet of de lezer uitdaagt. Welk verband kun je leggen met het sociale milieu van die tijd?

- Met welke van deze twee stellingen zou u de *Fabels in* verband brengen: de lachbui of de glimlach? Motiveer je antwoord.

- Worden de *Fabels* gekenmerkt door een zeer grote verscheidenheid, maar zijn ze ook ongeordend en ontbreekt het ze aan stilistische eenheid? Motiveer je antwoord.

- Vergelijk de *Fabels* van La Fontaine met *Animal Farm* (1945) van George Orwell (Engels schrijver, 1903-1950).

- Tegenwoordig worden de *fabels* tot de kinderliteratuur gerekend. Denk je dat dit een beoordelingsfout is? Leg uit.

- Hoe kunnen we de bewerking van beroemde fabels tot tekenfilms verklaren?

OM VERDER TE GAAN

REFERENTIE-UITGAVE

LA FONTAINE J. DE, *Fabels*, Parijs, Le Livre de Poche, coll. « Les Classiques de Poche », 2002, 544 blz.

BENCHMARKSTUDIES

BONECQUE P., *Fabels, La Fontaine: analyse critique,* Parijs, Hatier, 1984.

DANDREY P., *La fabrique des* Fables*: essai sur la poétique de la Fontaine,* Parijs, Klincksieck, 1992.

DANTZIG C., « La Fontaine (Jean de) », in *Dictionnaire égoïste de la littérature française*, Parijs, Grasset, 2005, coll. « Le Livre de Poche », blz. 515-518.

« Fabels », in *Dictionnaire des Grandes Œuvres de la littérature française*, Parijs, Larousse-VUEF, 2001, blz. 447-452.

HORVILLE R., « La Fontaine », in *Patrimoine littéraire européen*, vol. 8*,* Brussel, De Boeck, 1996, p. 759-771.

LA FONTAINE J. DE, *Fabels, Boeken I tot VI*, commentaar van G. Peureux, Parijs, Larousse, collectie « Petits Classiques », 2008.

SIMONOT L., *Le Loup dans les fables*, Nathan, coll. « Carrés classiques », 2014.

*We horen graag van jou! Laat
een reactie achter op jouw online bibliotheek
en deel je favoriete boeken op social media!*

De uitgever garandeert de betrouwbaarheid van de gepubliceerde informatie, die echter niet onder zijn verantwoordelijkheid valt.

www.50minutes.com

Master ISBN: 9782808688369
Papier ISBN: 9782808699761
Wettelijk depot: D/2023/12603/1256

Omslag: © Primento

Digitaal ontwerp: Primento, de digitale partner van uitgevers.